À Marie D.
A.R.

Lito
41, rue de Verdun 94500 Champigny-sur-Marne
Imprimé en CEE
Loi n° 49-956 du 16 juillet 1949 sur les publications destinées à la jeunesse
Dépôt légal : septembre 2003

Contes de monstres
d'ici et d'ailleurs

Éditions Lito

Illustrations de Marc Boutavant, Aline Bureau, Jean-Marc Denglos, Claire Le Grand, Pierre Mornet, Jong Romano

Couverture illustrée par Marc Boutavant

Contes de monstres d'ici et d'ailleurs

Racontés par Ann Rocard

Le monstre de la montagne

Népal

Lobsang était un bûcheron courageux. Il partait souvent plusieurs semaines pour couper du bois, laissant sa femme Maïa et leurs enfants à la maison.

Avant de partir, il disait toujours :

« La nuit, n'ouvrez à personne, sauf à moi ! »

Et sa femme répliquait :

« Et toi, méfie-toi du monstre de la montagne qui dévore les humains ! »

Mais Lobsang, armé de sa hache tranchante, n'avait peur de rien.

Un soir, il s'était arrêté en pleine forêt, quand il entendit une voix qui grondait comme le tonnerre :

« Monte plus haut dans la montagne si tu veux trouver de plus gros arbres ! »

Le bûcheron frissonna, puis serrant sa hache à pleines mains pour

Le monstre de la montagne . Le serviteur fidèle . La chanson du squelette . Le Minotaure . Youkitchi et les fantômes . La légende du sapin . Le Roi-Serpent . L'Hydre de Lerne .

ne plus trembler, il grimpa vers le haut de la montagne. En effet, plus il montait, plus il découvrait des arbres magnifiques comme il n'en avait jamais vu.

Arrivé au pied d'une falaise, il aperçut une immense grotte d'où provenait la voix :

« Approche, bûcheron ! Approche ! »

Inquiet, Lobsang fit demi-tour. Mais une main énorme, qui avait l'air d'être en bois, sortit de la grotte… suivie d'un bras, plus gros qu'un tronc d'arbre.

La main attrapa le bûcheron qui se mit à cogner de toutes ses forces sur les doigts… mais ils étaient plus durs que la pierre.

L'horrible main l'attira dans son repère, et là… un gouffre s'ouvrit : c'était la bouche d'un monstre gigantesque !

En un clin d'œil, Lobsang atterrit sur une langue mouillée, puis il tomba, tomba, tomba jusque dans l'estomac du monstre de la montagne… où il s'évanouit.

Alors le monstre géant sortit de la grotte et descendit vers la vallée, écartant d'un geste les arbres qui le gênaient.

Devant la maison de Lobsang, il utilisa ses pouvoirs

magiques pour devenir aussi petit qu'un homme.

Il imita la voix du bûcheron :

« Ouvre-moi ! J'ai faim et je suis fatigué. »

Croyant que son mari était de retour, Maïa ouvrit la porte. Aaah ! Un monstre se tenait sur le seuil. Aaah ! Sa tête était ridée comme l'écorce des grands arbres. Aaah ! Son corps ressemblait à un tronc noueux.

Il poussa la femme du bûcheron et avala tout ce qu'il put trouver dans les placards et la huche à pain. Il but aussi un tonneau entier de vin et finit par s'endormir en travers de la porte.

« Impossible de sortir chercher du secours, murmura Maïa, terrorisée. Que faire ? »

Elle alla au grenier où se trouvait la chambre, en déposant des pois secs sur les marches de l'escalier :

« Quand le monstre montera, il fera craquer les pois et je saurai qu'il approche. »

Elle se coucha dans le grand lit auprès de ses enfants qui dormaient profondément et ne s'étaient rendu compte de rien. Mais elle ne put trouver le sommeil.

Au lever du jour, Maïa entendit du bruit : le monstre de la montagne cassait les meubles et la vaisselle en rugissant :

« Plus une miette de pain ! Je vais manger la femme du bûcheron ! »

Il monta l'escalier quatre à quatre… perdit l'équilibre à cause des pois secs et tomba à la renverse.

Dans la chambre, Maïa et ses enfants s'étaient cachés sous le lit. Personne n'osait bouger. Personne n'osait respirer.

Après quelques minutes de silence, Maïa sortit de sa cachette et jeta

un coup d'œil dans l'escalier. Le monstre était allongé près de la cheminée : immobile, la tête fracassée.

Maïa embrassa ses enfants et soupira :

« Il est mort. Maintenant, il faut l'enterrer. »

Avec l'aide de ses enfants, elle fabriqua une caisse en bois et plaça le monstre à l'intérieur. Elle cloua rapidement le couvercle. Comment aurait-elle pu deviner que son mari se trouvait dans l'estomac du géant de la montagne ?

Maïa et ses enfants prirent ensuite des pelles pour aller creuser un trou où mettre le cercueil.

À ce moment-là, deux voleurs s'approchèrent sur la pointe des pieds :

« Oh, oh ! La belle caisse en bois ! Elle est même chargée sur une carriole. Il ne reste plus qu'à atteler le cheval du propriétaire ! »

C'est ce qu'ils firent sans plus attendre… et ils filèrent loin de la maison du bûcheron.

En route, ils entendirent des coups.
« Qu'y a-t-il donc là-dedans ? » s'étonna l'un des voleurs.
Il arracha les clous et ouvrit le couvercle.
Ah ! Dans la caisse se trouvait une espèce de monstre. Ah ! Il avait l'air mort… pourtant, son ventre bougeait.
Aaaaaaah ! En hurlant, les voleurs abandonnèrent la carriole et s'enfuirent sans se retourner.
Oui, le ventre du monstre bougeait ! Car dans son estomac, Lobsang s'était réveillé et il donnait de grands coups de hache pour essayer de sortir.
Il lui fallut plus d'une heure pour sortir de sa prison. Enfin, il prit les rênes de son cheval, retourna chez lui et raconta toute son aventure à Maïa et à leurs enfants.
Depuis, les bûcherons n'ont plus jamais croisé de monstre en coupant du bois…
Et les voleurs qui veulent voler une caisse, regardent d'abord ce qu'il y a à l'intérieur !

Le serviteur fidèle

Arménie

Il était une fois un roi qui avait trois fils. Ne sachant lequel choisir pour lui succéder sur le trône, le roi leur donna à chacun cent ducats en disant :
« Utilisez cet argent le mieux possible. »
Les trois fils partirent donc. L'aîné et le deuxième retrouvèrent des amis dans une auberge et ils dépensèrent rapidement leurs ducats.
Arsuman, le plus jeune, s'éloigna tout en réfléchissant :
« Que vais-je faire de cet argent ? »
En passant près du cimetière, il vit un homme qui tapait sur une tombe avec une pelle en criant :
« Je ne te laisserai jamais en paix !
– Qu'a fait ce pauvre mort ? demanda Arsuman, horrifié.
– Il a préféré mourir plutôt que de me payer les cent ducats qu'il me devait », répondit l'homme.
Le prince Arsuman lui tendit sa bourse :
« Je te donne cent ducats, mais laisse ce mort en paix. »

Fou de joie, l'homme s'enfuit en courant tandis qu'Arsuman retournait au palais.

Le roi gronda les deux aînés, puis félicita le plus jeune de ses fils, avant d'ajouter :

« Voici une deuxième épreuve. Vous devez choisir un bon serviteur. Pour cela, invitez-le à manger avec vous et observez-le. »

Les deux aînés choisirent vite leurs serviteurs, sans prendre le temps de réfléchir. Arsuman, lui, avait partagé ses repas avec plusieurs hommes ; il ne s'était pas encore décidé… quand un dernier homme refusa poliment son invitation :

« Je ne peux partager ton repas, car un bon serviteur ne doit manger qu'après son maître.

– Je t'engage, décida Arsuman. Suis-moi jusqu'au palais. »

De nouveau, le roi félicita le plus jeune de ses fils et lui dit :

« Je voudrais maintenant savoir si tu peux t'occuper des autres aussi bien que de toi-même. Sauras-tu apporter aide et réconfort à ceux qui t'entourent ?

– Je ferai de mon mieux », promit Arsuman qui embrassa son père et partit avec son serviteur.

Il acheta de nombreuses marchandises et le chargea sur des chameaux.

Peu après, le prince, son serviteur et leurs chameaux atteignirent un croisement.

« Où vont ces routes ?
demanda Arsuman.
– À la même ville, répondit son serviteur. La route de droite est bien plus courte, mais ceux qui l'ont suivie ne sont jamais revenus. C'est pourquoi les marchands préfèrent suivre la route de gauche. Pourtant, je te conseille de choisir la piste dangereuse.
– D'accord, dit Arsuman, je te fais confiance car tu es un bon serviteur. »

La petite troupe suivit donc la route de droite jusqu'à un vieux puits où elle s'arrêta pour passer la nuit.

Mais quand le prince fut endormi, son serviteur prit son sabre et descendit sans bruit dans le puits.

Il traversa une immense caverne, emplie d'or, d'argent, de perles et de pierres précieuses. Sans jeter le moindre regard à ce trésor, il se dirigea vers une porte de fer, gardée par un monstre endormi. C'était un monstre velu, à la tête hérissée de grosses écailles vertes, au long nez, aux oreilles pointues, aux dents noires et biscornues.

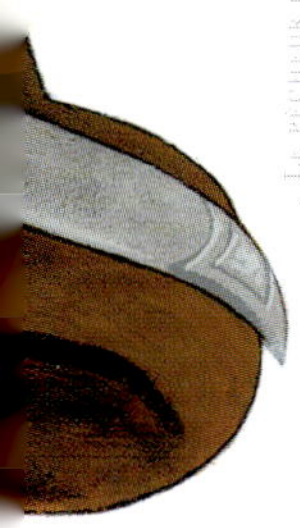

Sans hésiter, le serviteur leva son sabre et tua le monstre. Puis il ouvrit la porte de fer. Aussitôt, trois merveilleuses princesses se précipitèrent vers lui :
« Comment vous remercier de nous avoir délivrées ?
– C'est mon maître Arsuman et ses deux frères qui m'ont envoyé ici. Aidez-moi à transporter les trésors du monstre et rejoignons mon maître. »
Au lever du jour, Arsuman s'éveilla et il aperçut près du puits un trésor, chargé sur les chameaux, et trois princesses souriantes. La plus jeune était si belle qu'il ne pouvait la quitter des yeux.
« Retournons au palais », proposa le serviteur.
Arrivée près du cimetière, la petite troupe s'arrêta et le serviteur dit à Arsuman :
« Maître, tu feras un bon roi. Je sais que tu vas donner le trésor du monstre aux gens de ton peuple. N'oublie pas tes frères qui seront heureux d'épouser deux des princesses que j'ai libérées.
– Et toi, que souhaites-tu ? demanda le prince.
– Te dire adieu, mon maître. Je ne suis pas de ce monde. Je suis le mort à qui tu as permis de vivre en paix en remboursant sa dette. C'est pour te remercier que je t'ai aidé. »
En disant ces mots, le serviteur se dirigea vers la tombe qu'Arsuman connaissait… Il sourit au prince et disparut.

Le monstre de la montagne . Le serviteur fidèle . La chanson du squelette . Le Minotaure . Youkitchi et les fantômes . La légende du sapin . Le Roi-Serpent . L'Hydre de Lerne .

La chanson du squelette

Canada (conte Eskimo)

Là-bas dans le grand Nord, au pays des Esquimaux, les pêcheurs ne s'approchaient pas d'une certaine crique près des falaises. On racontait qu'elle était hantée. Une jeune fille avait été jetée à la mer ; les poissons l'avaient mangée… et il ne restait plus que ses os. Kujjua le pêcheur l'ignorait.

Ce jour-là, il était à bord de son kayak, dans cette crique où personne n'allait jamais.

Il lança sa ligne, mais l'hameçon se prit dans les os de la femme-squelette.

« Ça a l'air lourd ! s'écria Kujjua, tout content. Ce doit être un énorme poisson. De quoi nourrir le village pendant plusieurs semaines. »

Il tira plus fort sur la ligne. Pas moyen de remonter le poisson ! Et la mer se mit à bouillonner. Le kayak tanguait d'un côté, de l'autre, au risque de chavirer.

. Le monstre de la montagne . Le serviteur fidèle . La chanson du squelette . Le Minotaure . Youkitchi et les fantômes . la légende du sapin . Le Roi-Serpent . L'Hydre de Lerne .

Car sous l'eau, la femme-squelette se débattait. Mais plus elle essayait d'enlever l'hameçon, plus elle s'emmêlait dans la ligne. Et le pêcheur la remontait, la tirait vers la surface de l'eau.
Kujjua rangeait son filet dans son kayak quand le crâne apparut à la crête des vagues. Lorsqu'il se retourna, les orbites vides du crâne le fixaient ; les mâchoires claquaient... Peu après, tout le squelette se trouvait au-dessus de l'eau.
Kujjua poussa un hurlement de terreur. Aaaaaah ! Il recula... Aaaaaah ! en saisissant une pagaie. Vlan ! Il envoya un coup de rame dans le crâne blanc et lisse, mais l'hameçon était bien accroché et le squelette ne retomba pas à la mer.
Le pêcheur pagaya, pagaya le plus vite possible, sans comprendre que la femme-squelette était emmêlée dans la ligne. Plus son kayak filait sur la mer, plus la femme-squelette était entraînée derrière lui. Kujjua avait l'impression qu'elle le suivait, volant et effleurant les vagues avec les os de ses pieds. Elle gigotait et cliquetait. Aaaaaah ! Quand le pêcheur zigzaguait, elle zigzaguait aussi.
Kujjua atteignit le rivage. Il abandonna son kayak, prit sa canne à pêche et courut comme un fou. Emmêlée dans la ligne, la femme-squelette semblait toujours le poursuivre.
Il escalada les rochers, elle aussi.

Il bondit sur l'herbe rase et gelée de la toundra, elle aussi.
Quand il enjamba le poisson qui séchait près de chez lui, elle en attrapa un peu, car il y avait de nombreuses années qu'elle n'avait pas mangé.
Vite, Kujjua se glissa dans son igloo et respira :
« Ah, enfin à l'abri… »
Mais quand il alluma sa lampe à huile de baleine, il vit la femme-squelette accroupie sur le sol, les pieds sur les épaules et la tête de côté.
« Tu n'as pas l'air bien méchante, avoua-t-il. Pauvre squelette… »

Et il commença à démêler la ligne. Avec patience, jusqu'au soir.
Il remit les os dans le bon ordre et couvrit la femme-squelette de fourrures pour la réchauffer. Enfin il alluma un petit feu.
Fatigué, Kujjua s'allongea sous des peaux de bête et s'endormit. Tandis qu'il rêvait, une petite larme brilla au bord de sa paupière.
La femme-squelette avait si soif qu'elle déplia ses os sans faire de bruit.
Elle s'approcha de l'homme, posa sa bouche sur la larme et la but.
Puis elle s'allongea à côté du pêcheur endormi. Elle attrapa son cœur sans l'éveiller et le frappa légèrement comme on frappe un tambour : boum boum boum ! En le frappant, elle chanta :
« De la chair, de la chair ! » Et ses os se couvrirent de chair.
Elle chanta :
« Des yeux, des yeux ! » Et des yeux apparurent dans ses orbites.
Elle chanta :
« Des cheveux, des cheveux ! » Et une longue chevelure noire couvrit son crâne chauve.
Elle chanta pour tout son corps, et son corps redevint comme autrefois.
Puis elle remit le cœur de l'homme dans sa poitrine.
Et depuis cette nuit extraordinaire, tous deux ne se quittèrent plus.

Le monstre de la montagne . Le serviteur fidèle . La chanson du squelette . Le Minotaure . Youkitchi et les fantômes . La légende du sapin . Le Roi-Serpent . L'Hydre de Lerne .

Le Minotaure

Grèce

Il y a longtemps, dans l'Antiquité, un monstre gigantesque à corps d'homme et à tête de taureau, vivait en Crète, une île de la mer Méditerranée. Il était enfermé dans un labyrinthe très compliqué : celui qui y pénétrait ne retrouvait jamais la sortie et était dévoré par le monstre.

C'était le Minotaure, un horrible fils du roi Minos.

Minos avait gagné la guerre contre Égée, le roi d'Athènes ; mais l'un de ses fils était mort au combat.

Pour se venger, Minos exigeait quelque chose de terrible : tous les neuf ans, le roi Égée devait envoyer en Crète sept jeunes filles et sept jeunes hommes que le Minotaure dévorerait.

Cette année-là, Thésée, le fils du roi Égée, décida de faire partie des victimes :

« Moi aussi, je vais aller en Crète et je tuerai le Minotaure. »

Égée finit par accepter et exigea :

« Au retour, hisse une voile blanche si tu es victorieux. Ainsi je

. Le monstre de la montagne . Le serviteur fidèle . La chanson du squelette . Le Minotaure . Youkitchi et les fantômes . la légende du sapin . Le Roi-Serpent . L'Hydre de Lerne .

saurai si je peux me réjouir.
– Je le ferai. Adieu, père ! » dit Thésée en embarquant sur le bateau dont les voiles étaient noires en signe de deuil.
Quand il arriva en Crète, Ariane, la fille du roi Minos aperçut Thésée et en tomba aussitôt follement amoureuse. Elle résolut de l'aider.
La nuit venue, elle se faufila dans la prison où les Athéniens étaient enfermés, et tendit à Thésée une pelote de fil :
« Attache l'extrémité du fil à l'entrée du labyrinthe et déroule la pelote au fur et à mesure de tes pas. Sinon tu ne retrouveras pas la sortie. Bonne chance ! »
Le lendemain, des gardes conduisirent les prisonniers dans le labyrinthe et fermèrent la lourde porte.
« Attendez-moi ici », conseilla Thésée en attachant le bout du fil au pied d'une colonne.
Laissant les prisonniers terrifiés, il se mit à marcher dans les salles et les couloirs sans lâcher la pelote.
Enfin, un rugissement fit trembler les murs du labyrinthe.
Thésée leva son épée. Le monstre à tête de taureau se dressait au centre d'une pièce. Thésée bondit, et après un long combat, il lui enfonça l'épée en plein cœur.

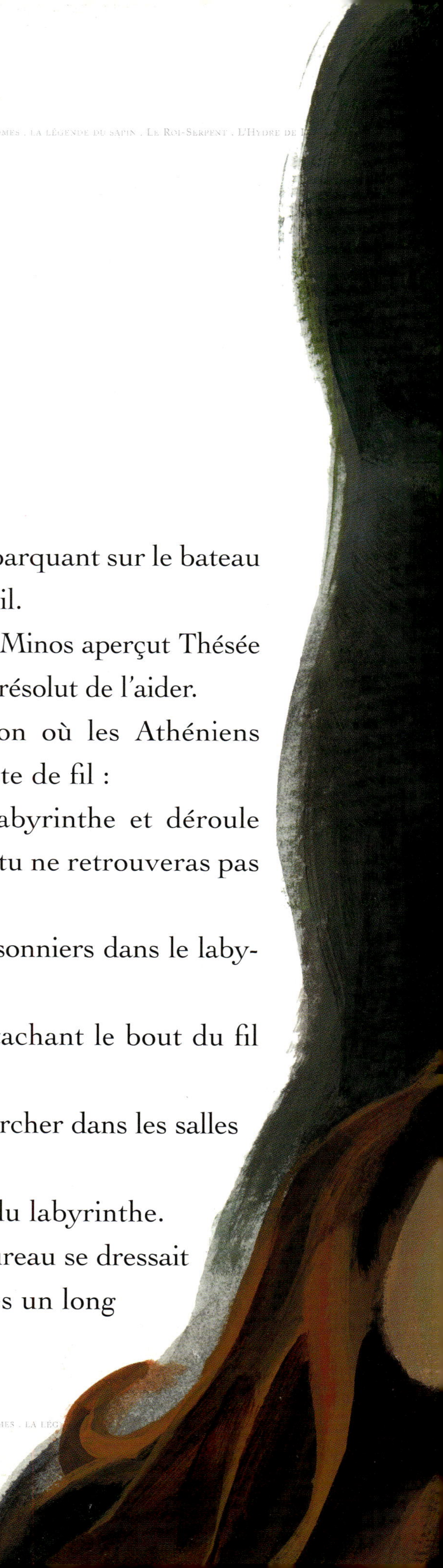

Couvert de sang, il regagna la porte d'entrée grâce au fil d'Ariane. Les prisonniers l'acclamèrent et l'embrassèrent. Mais comment allaient-ils sortir de ce labyrinthe ?

Ariane guettait derrière le mur. Quand elle entendit les cris de joie, elle ouvrit la porte et entraîna tous les Athéniens vers le port où se trouvait leur bateau :

« Fuyons avant que mon père le roi Minos s'aperçoive de votre disparition ! »

Le bateau aux voiles noires prit aussitôt la mer.

Peu après, le vent se leva. La tempête faisait rage et Thésée dirigea le navire vers une petite île pour trouver un abri.

Pendant que Thésée s'occupait du bateau, Ariane alla s'allonger sur la plage et s'endormit. C'est ainsi que le bateau repartit sans elle dès la fin de la tempête. Incroyable ! Comment Thésée avait-il pu la laisser alors qu'elle l'avait sauvé ? Personne n'est sûr de connaître la vérité…

À son réveil, Ariane cria, supplia :

« À l'aide ! Ne m'abandonnez pas ! »

Hélas, Thésée ne l'entendit pas ; il était déjà loin.

Ce fut Bacchus, le dieu du vin, qui se porta à son secours et l'épousa.

Quant à Thésée, il oublia de changer de voile comme son père le lui avait demandé. Apercevant les voiles noires du bateau, le roi Égée crut que son fils était mort ; il se jeta à la mer du haut des remparts et se noya.

Depuis, cette mer porte le nom du roi d'Athènes : elle s'appelle la mer Égée.

Youkitchi et les fantômes

Japon

À la tombée de la nuit, le jeune samouraï Youkitchi atteignit un village. Ses vêtements étaient en lambeaux, son visage amaigri. Il ne possédait plus que ses deux épées de chevalier et un couteau.

« Pourriez-vous m'héberger ? demanda-t-il à un villageois.

– Il n'y a pas de place chez nous, mais près d'ici se trouve un petit temple vide. Vous n'avez qu'à y aller. »

Youkitchi se dirigea vers le temple. En chemin, il croisa un vieillard qui s'inquiéta :

« Bonsoir, chevalier ! Vous n'allez pas au temple, j'espère ?

– Si, grand-père, répondit Youkitchi.

– Ce temple est hanté, chuchota le vieil homme. Il s'y passe des choses étranges, et personne n'en est sorti vivant. Venez plutôt chez moi, noble chevalier. »

Youkitchi secoua la tête :

« Je vous remercie, grand-père. Mais un samouraï n'a peur de rien.
– Bonne chance ! fit le vieillard en s'éloignant. Peut-être réussirez-vous à chasser ces fantômes... »

Le jeune chevalier reprit sa marche, et il découvrit non loin de là un temple délabré.

À l'intérieur, il n'y avait que des toiles d'araignée, de vieilles nattes et un écrin couvert de poussière.

Youkitchi s'allongea sur le sol, ses deux épées à portée de la main, et il se promit de garder les yeux ouverts.

La lune se leva et ses rayons d'argent se faufilèrent par le trou du toit et les fissures des murs. Le samouraï, fatigué et affamé, finit par s'endormir...

À minuit, il fut réveillé par des coups, frappés sur la façade nord du temple, et il entendit une voix croasser :

« Y a-t-il quelqu'un ? »

Youkitchi saisit ses épées et écouta.

Dans la pièce voisine, une lumière s'alluma et quelqu'un répondit :

« Je suis le long, le déchiré, l'innocent emprisonné. Qui est là ?
– Je suis le brillant, l'arqué, celui qui s'est perdu dans les buissons. Puis-je entrer ? croassa le visiteur.
– Sois le bienvenu ! » dit l'hôte. Et la lumière s'éteignit.

Soudain, des coups retentirent au sud du temple. La lumière s'alluma... Et une voix nasillarde se fit entendre :

« Y a-t-il quelqu'un ? Je suis le fin, l'édenté, celui qui a été pendu à une branche. Puis-je entrer ?
– Sois le bienvenu ! » dit l'hôte. Et la lumière s'éteignit

Peu après, on frappa sur la façade est du temple.

. Le monstre de la montagne . Le serviteur fidèle . La chanson du squelette . Le Minotaure . Youkitchi et les fantômes . La légende du sapin . Le Roi-Serpent . L'Hydre de Lerne .

La lumière s'alluma... Et une voix grave haleta :

« Y a-t-il quelqu'un ? Je suis le nu, le blanc, celui qui n'a été enterré qu'à moitié. Puis-je entrer ?

– Sois le bienvenu ! » dit l'hôte. Et la lumière s'éteignit.

Enfin, on heurta la façade ouest du temple. La lumière s'alluma... Et un nouveau visiteur glouglouta :

« Y a-t-il quelqu'un ? Je suis le ventru, l'insatiable, celui qu'on a noyé dans l'étang. Puis-je entrer ?

– Sois le bienvenu ! » dit l'hôte.

Youkitchi restait à l'écoute. Il entendait des voix, des rires, des bruits de vaisselle. Tout à coup, l'hôte prit la parole :

« Nous allons bien nous amuser, car un chevalier dort dans le temple. »

Le monstre de la montagne . Le serviteur fidèle . La chanson du squelette . Le Minotaure . Youkitchi et les fantômes . La légende du sapin . Le Roi-Serpent . L'Hydre de Lerne .

Et tous applaudirent en ricanant méchamment.

Le jeune samouraï se leva d'un bond. Un sifflement strident vrilla bientôt ses tympans, et un trait rouge apparut en tourbillonnant.

« Halte ! ordonna Youkitchi.

– Dis-moi qui je suis ou je t'étrangle ! clignota le trait, couleur sang.

– Qui tu es ? fit le samouraï. Le long, le déchiré, l'innocent emprisonné. »

À ces mots, le trait vibra et disparut.

Presque au même instant, une cavalcade terrible ébranla les murs du temple, et une forme blanche et luisante sauta autour de Youkitchi en hennissant :

« Dis-moi qui je suis ou je t'écrase ! interrogea la forme d'une voix grave et haletante.

. Le monstre de la montagne . Le serviteur fidèle . La chanson du squelette . Le Minotaure . Youkitchi et les fantômes . La légende du sapin . Le Roi-Serpent . L'Hydre de Lerne .

– Qui tu es ? Le nu, le blanc, celui qui n'a été enterré qu'à moitié. »

La forme sauta une dernière fois et disparut.

Une seconde plus tard, quelques bulles éclatèrent, et une lumière ronde et bleue tournoya dans la pièce, aspirant le samouraï en son centre :

« Dis-moi qui je suis ou je te mange !

– Qui tu es ? Le ventru, l'insatiable, celui qu'on a noyé dans l'étang. »

Et la lumière bleue disparut.

Aussitôt, quelque chose courut sur le sol en faisant jaillir des étincelles, et une voix nasillarde murmura :

« Dis-moi qui je suis ou je te broie !

– Qui tu es ? Si tu veux me broyer, c'est que tu ne sais pas mordre. Tu es le fin, l'édenté, celui qui a été pendu à une branche. »

Et le fantôme s'évanouit.

Youkitchi réfléchit : il manquait un des visiteurs. Qui était-il ? Plus moyen de s'en souvenir. Il allait mourir à cause d'un oubli…

Un battement d'ailes traversa la pièce ; un claquement de bec se fit entendre… Un croissant brillant et multicolore apparut, et une voix croassa :

« Dis-moi qui je suis ou je te chatouille jusqu'à ce que tu meures !

– Qui tu es ? Le premier visiteur, bien sûr… »

Le croissant lui chatouilla le nez, et le samouraï éternua violemment.

« Tu es le brillant, l'arqué, celui qui s'est perdu dans les buissons », s'écria Youkitchi.

Et le dernier fantôme disparut.

À l'aube, un coq chanta, et le chevalier épuisé s'endormit.

Quand il s'éveilla, les habitants du village voisin l'attendaient à l'entrée du temple.

« On vous croyait mort, avouèrent-ils.

– Erreur ! dit le samouraï. Et je sais ce qui hante ce temple. Vous allez m'aider à réunir cinq amis : ils hantent ce temple la nuit car ils sont séparés durant la journée. Ainsi les fantômes ne reviendront plus. »

Aidé des villageois, Youkitchi fouilla les environs.

Dans un étang, situé à l'ouest du temple, il découvrit une vieille cruche sans fond qui se vidait au fur et à mesure qu'on la remplissait : le ventru, l'insatiable, celui qu'on a noyé dans l'étang.

Dans les buissons qui poussaient au nord du temple, il ramassa une belle queue de coq, étincelante et multicolore : le brillant, l'arqué, celui qui s'est perdu dans les buissons.

Au sud du temple se dressait un arbre. Youkitchi finit par apercevoir au sommet un vieux peigne sans dents : le fin, l'édenté, celui qui a été pendu à une branche.

Le samouraï se dirigea ensuite vers l'est. Derrière une pierre tombale dépassait le haut d'un crâne de cheval, blanchi par les années : le nu, le blanc, celui qui n'a été enterré qu'à moitié.

Suivi des villageois, Youkitchi retourna au temple. Il déposa les quatre objets sur le sol et chercha l'hôte.

« Il est certainement ici. Mais où ? Peut-être dans cet écrin poussiéreux ? »

Avec son couteau, il réussit à ouvrir l'écrin dans lequel étaient rangés des rouleaux d'écriture, et là, il trouva dans un petit tiroir un lacet rouge tout abîmé : le long, le déchiré, l'innocent emprisonné. Il

. Le monstre de la montagne . Le serviteur fidèle . La chanson du squelette . Le Minotaure . Youkitchi et les fantômes . La légende du sapin . Le Roi-Serpent . L'Hydre de Lerne .

était enfermé dans cet écrin où il n'avait pas sa place.
Sur les conseils de Youkitchi, les villageois enterrèrent profondément au même endroit : la cruche sans fond, la queue de coq, le peigne sans dents, le crâne de cheval et le lacet rouge. Les voyageurs de passage purent enfin dormir la nuit dans le vieux temple, sans être harcelés par le ventru, l'arqué, l'édenté, le nu et le déchiré.

Le Roi-serpent

Indonésie

Le roi des noix de coco vivait sur une île, au pays des cocotiers. Ce roi avait trois filles. La plus jeune était si belle que ses deux sœurs la jalousaient.

Un matin, le roi des noix de coco s'éveilla en gémissant :

« Ma femme et mes filles, approchez ! J'ai appris en rêve que j'allais mourir aujourd'hui. Trois œufs de tortue roulaient jusqu'à moi. Du premier œuf sortait un diamant noir, offert par le roi du pays des pierres précieuses à la plus belle de mes filles.

– C'est moi ! » s'écrièrent les deux aînées d'une même voix.

Le roi poursuivit :

« Du deuxième œuf sortait une perle noire, offerte par le roi de l'île aux perles à la plus gentille de mes filles.

– C'est moi ! » s'écrièrent les deux aînées.

Le roi des noix de coco hocha la tête :

« Hélas, ce n'est pas tout. Du troisième œuf sortait une chenille noire et velue. Une chenille qui déclarait : « Mon maître, le serpent de la jungle noire, veut épouser la plus laide de tes filles. Si tu refuses, ton pays sera asséché, et envahi par les scorpions et les serpents venimeux. »

– Ce n'est pas moi ! » s'écrièrent les deux aînées.

Le roi soupira :

« Mes filles, mettez-vous d'accord. L'une d'entre vous doit épouser le Roi-serpent de la jungle noire. »

En disant ces mots, le roi des noix de coco s'endormit à jamais.

Les deux sœurs aînées gardèrent les yeux secs pour ne pas ternir leur beauté. La plus jeune éclata en sanglots et pleura longtemps, longtemps.

Ses sœurs se moquaient d'elle :

« Ouh ! Qu'elle est vilaine avec ses yeux gonflés comme ceux d'un buffle... Ouh ! Qu'elle est vilaine : on dirait une vieille guenon qui n'arrête pas de renifler. »

Jalouse d'un tel chagrin, la reine finit par se fâcher :

« Cesse de pleurnicher cu va pleurer auprès du Roi-serpent ! »

Et elle entraîna la plus jeune de ses trois filles dans la jungle où elle l'abandonna.

La princesse marcha droit devant elle. Des épines lui griffaient le visage. Des lianes s'emmêlaient dans ses cheveux.

Epuisée, elle s'assit et appela :

« Où es-tu, puissant roi de la jungle ? »

Un rugissement terrible se fit entendre. Deux yeux brillèrent dans les sous-bois.

« Grrr ! gronda le tigre. Que fais-tu ici ? »

La princesse en larmes lui raconta son histoire et le supplia :

– Non, fit la princesse. Le Roi-serpent a eu pitié de moi. Je ne le quitterai pas. »

Le prince repartit. Mais il multiplia ses visites. Dès que le Roi-serpent s'absentait, il venait voir la princesse et lui proposait de l'emmener.

À chaque fois, la princesse refusait.

Elle finit par être intriguée : le prince apparaissait toujours là où le serpent avait disparu juste avant.

Un soir, elle suivit le Roi serpent sans se faire remarquer et elle découvrit la peau aux écailles étincelantes, cachée dans les broussailles.

Elle prit la peau et la jeta au feu. Au même instant, un orage éclata. La foudre frappa cinq fois l'arbre sacré.

La première fois, la jungle noire se transforma en jardin fleuri.

La deuxième fois, les marais furent changés en lacs et en rizières.
La troisième fois, de nombreux animaux domestiques apparurent.
La quatrième fois, des sources jaillirent.
La cinquième fois, le prince assis sur son éléphant blanc rejoignit la princesse.
« La fleur du manguier appartient au manguier.
– L'écorce jetée appartient à celui qui la ramasse, sourit la jeune fille.
– Grâce à ta fidélité, je suis délivré d'un enchantement et je ne serai plus un serpent. »
Le prince installa la princesse devant lui, sur le dos de l'éléphant blanc. Et ils traversèrent le royaume, acclamés par la foule.
Trois femmes se trouvaient au bord du chemin ; elles étaient sales, piquées par les insectes et couvertes de sangsues. Elles avaient fui le royaume des noix de coco. La princesse, qui avait reconnu sa mère et ses sœurs, les fit laver, soigner et vêtir. Mais les trois femmes ne connaîtraient jamais le bonheur, car le serpent nommé Jalousie se tapirait en elles jusqu'à leur mort.
Quant à la princesse et son mari, ils vécurent heureux, là-bas dans ce pays où certaines plantes ressemblent à de longs longs serpents.

Le monstre de la montagne . Le serviteur fidèle . La chanson du squelette . Le Minotaure . Youkitchi et les fantômes . La légende du sapin . Le Roi-Serpent . L'Hydre de Lerne .

Le pêcheur et le génie

Irak et Iran (d'après les contes des Mille et une nuits)

Il était une fois un vieux pêcheur très pauvre. Chaque matin, il partait pêcher et ne jetait son filet que quatre fois. Ainsi l'avait-il décidé.

Ce jour-là, il retira de son filet une carcasse d'âne, un panier rempli de gravier, des coquilles vides et des ordures.

La quatrième fois, il découvrit une bouteille de cuivre, lourde et bien fermée. Heureux, il s'écria :

« Enfin une bonne prise ! Je vais la vendre au village. Avec l'argent, j'achèterai du blé pour nourrir ma famille. »

Il examina la bouteille : elle était si bien fermée qu'elle devait sûrement contenir quelque chose de précieux.

Il prit son couteau et l'ouvrit avec précaution… Bizarre ! Elle était vide.

Déçu, le pêcheur la posa devant lui. Alors une épaisse fumée en sortit : une nappe de brouillard qui recouvrit la mer et le rivage !

« Qu'est-ce que c'est ? » demanda le pêcheur en tremblant.

Peu à peu, la fumée prit la forme d'un immense génie, et le pêcheur bégaya :

« Grand esprit, que… que faites-vous là ?

– Qui t'a permis de m'adresser la parole ? gronda le génie. Je vais te tuer, mais je te laisse le choix : comment veux-tu mourir ? »

Terrifié, le pêcheur se mit à genoux :

« Seigneur, vous allez me tuer alors que je vous ai libéré ?

– Il ne peut en être autrement. Écoute mon histoire. »

Et le génie raconta : près de deux mille ans auparavant, il avait désobéi au grand roi Salomon, et pour le punir, ce dernier l'avait fait entrer dans cette bouteille de cuivre. La bouteille fut fermée et jetée à la mer…

« Pendant le premier siècle, dit le génie, je jurai de faire la fortune de celui qui me libérerait. À la fin du deuxième siècle, je promis que chaque jour j'exaucerais trois vœux prononcés par mon sauveur. Mais le temps passa, passa… Peu à peu, je devins fou de rage et je décidai de tuer celui qui ouvrirait cette bouteille.

– Pitié pour ma famille, supplia le pêcheur. C'est moi qui la nourris.
– Pas de pitié ! Dépêche-toi de choisir : comment veux-tu mourir ? »
Le pêcheur réfléchit et répondit :
« Puisque ma vie va s'achever aujourd'hui, expliquez-moi au moins une chose…
– Laquelle ? grogna le génie.
– Vous n'avez pas pu entrer dans cette bouteille, remarqua le pêcheur. C'est impossible. Vous êtes beaucoup trop grand.
– Pourtant c'est la vérité, se vanta le génie. Je peux prendre n'importe quelle forme.
– Je ne vous crois pas ! » dit le pêcheur d'un ton moqueur.
Vexé, le génie se changea en fumée qui disparut peu à peu dans la bouteille. Vite, le pêcheur remit le bouchon et il cria avant de jeter la bouteille à la mer :
« Je te crois ! Maintenant, il ne me reste qu'une chose à faire : prévenir tous les habitants de la région… au cas où quelqu'un trouverait cette bouteille de cuivre et aurait envie de l'ouvrir. »
Le génie hurla à pleins poumons, mais il eut beau gesticuler pour sortir de sa prison, il n'y arriva pas… Et personne n'entendit plus jamais parler de lui.

Le monstre de la montagne . Le serviteur fidèle . La chanson du squelette . Le Minotaure . Youkitchi et les fantômes . La légende du sapin . Le Roi-Serpent . L'Hydre de Lerne .

Yeitso

États-Unis (conte des Indiens Navajos)

Les Indiens Navajos vivent dans un désert au sud-ouest des États-Unis. C'est dans ce désert que cette histoire se déroula il y a très très longtemps.

Deux petits garçons de la tribu s'amusaient dehors près de leur mère. Celle-ci faisait cuire des galettes de maïs quand elle entendit gronder le tonnerre. Et à l'horizon, elle aperçut le monstre : le géant Yeitso, le plus terrible ennemi des Navajos.

Sans hésiter, elle cacha ses enfants dans un buisson en ordonnant :

« Ne bougez pas et ne faites aucun bruit ! »

Puis elle retourna auprès du four où cuisaient les galettes.

« Donne-moi des galettes ! grimaça Yeitso.

– Ça ne suffirait pas à apaiser ta faim, dit la femme.

– Tu as raison. Alors, va me chercher tes enfants !

– Ils ne sont pas là, mentit la femme. Rentre chez toi ! »

Yeitso fit demi-tour. Dans leur cachette, les deux petits garçons tremblaient de peur et ils promirent :

« Un jour, on tuera le monstre géant. »
Il leur faudrait du courage… et aussi de l'aide pour vaincre le terrible Yeitso !
C'est pourquoi ils allèrent trouver la Femme Araignée.
« Je vais vous enseigner un moyen de lutter contre Yeitso, dit-elle. Il faut que vous ayez toujours sur vous beaucoup de pollen. Pour faire perdre sa puissance à quelqu'un ou quelque chose, vous jetterez le pollen en prononçant ces mots magiques : Que ce pollen paralyse vos pieds ! Qu'il paralyse vos mains ! Qu'il paralyse votre corps ! Qu'il paralyse votre esprit ! Qu'il paralyse votre voix ! Ne bougez plus ! »

Les deux garçons remercièrent la Femme Araignée et récoltèrent tout le pollen qu'ils purent trouver.
Ils décidèrent ensuite de trouver leur père qui était le porteur du soleil et vivait très loin de chez eux. C'est pourquoi ils ne l'avaient jamais vu depuis leur naissance.
La route serait longue…
Les deux jeunes Navajos commencèrent leur voyage, pleins de courage. Un jour, ils arrivèrent au pied de deux énormes rochers qui se faisaient face. Il s'agissait de deux mauvais esprits, amis de Yeitso. Celui qui essayait de suivre le chemin entre les falaises,

était écrasé car les rochers se rapprochaient aussitôt.
Les deux jeunes Indiens Navajos firent semblant d'avancer. Crrraaac ! les rochers s'entrechoquèrent, puis reprirent leur place. Les jeunes Indiens recommencèrent plusieurs fois. Enfin ils lancèrent du pollen en prononçant la formule magique et les rochers s'immobilisèrent.
Plus loin, ils atteignirent une zone marécageuse, plantée d'immenses roseaux dont les feuilles étaient tranchantes comme le verre. Celui qui essayait de traverser le marécage était coupé en morceaux par les feuilles qui se refermaient sur lui.
Les deux jeunes Navajos agirent comme avec les rochers, et ils continuèrent leur voyage.
Il leur fallut ensuite traverser un désert, couvert de cactus aux épines acérées… et de dangereux sables mouvants. De nouveau, ils agirent comme avec les rochers, et immobilisèrent les mauvais esprits qui se cachaient là.

. Le monstre de la montagne . Le serviteur fidèle . La chanson du squelette . Le Minotaure . Youkitchi et les fantômes . la légende du sapin . Le Roi-Serpent . L'Hydre de Lerne .

Les trois petites maisons

Italie

Avant de mourir, une vieille femme dit à ses filles :
« Quand je ne serai plus là, demandez à vos oncles de vous construire une maison pour chacune. Aimez-vous et ne m'oubliez pas. »
Après avoir pleuré leur mère, les trois sœurs quittèrent le village.
Elles rencontrèrent leur oncle Maurizio qui était nattier ; il fabriquait des tapis de paille et de roseau. Maria, l'aînée, le salua :
« Bonjour, mon oncle. Vous qui êtes si bon, faites-moi une maison. »
Et l'oncle Maurizio lui fit une petite maison de paille.
Les deux autres sœurs poursuivirent leur route. Elles croisèrent leur oncle Leonardo qui était menuisier. Julia le salua :
« Bonjour, mon oncle. Vous qui êtes si bon, faites-moi une maison. »
Et l'oncle Leonardo lui fit une petite maison de bois.
Catarina, la plus jeune des trois sœurs, continua à marcher. Elle aperçut son oncle Ludovico, qui était forgeron, et elle le salua :

« Bonjour, mon oncle. Vous qui êtes si bon, faites-moi une maison. »
Et l'oncle Ludovico lui fit une petite maison de fer.
Le soir venu, un énorme loup sortit de la forêt et frappa à la porte de la maison de Maria.
« Qui est là ?
– Un pauvre poussin perdu, dit le loup de sa grosse voix. Ouvre, par pitié.
– Va-t'en ! Tu es le loup et tu veux me manger ! »
Le loup eut un rire méchant. Il poussa les nattes d'un coup de patte et ne fit qu'une bouchée de la pauvre Maria.
Le lendemain, les deux autres sœurs vinrent rendre visite à Maria.
Horreur ! La maison de paille s'était effondrée… et il n'y avait personne à l'intérieur.
Julia et Catarina éclatèrent en sanglots :
« Le loup a sûrement mangé notre sœur aînée… »
Et désespérées, elles retournèrent chez elles.
La nuit suivante, l'énorme loup alla frapper à la porte de la maison de Julia.
« Qui est là ?
– Un pauvre poussin perdu… Ouvre, par pitié.
– Va-t'en ! Tu es le loup et tu veux me manger ! »
Le loup eut un rire méchant. Il poussa la porte d'un coup de patte…
Il bondit dans la maison de bois et ne fit qu'une bouchée de la pauvre Julia.

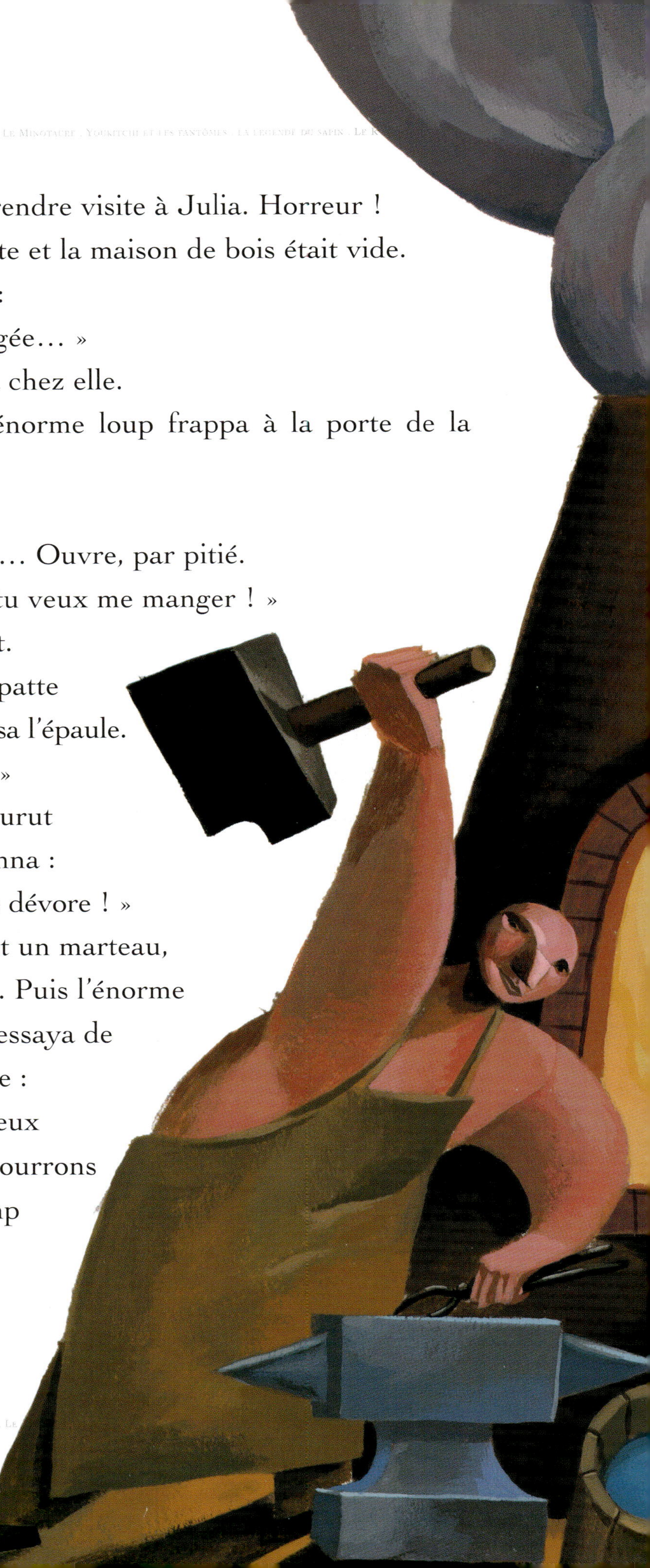

Au matin, Catarina voulut rendre visite à Julia. Horreur ! La porte était grande ouverte et la maison de bois était vide. Catarina éclata en sanglots :

« Le loup l'a sûrement mangée… »

Et désespérée, elle retourna chez elle.

À la tombée de la nuit, l'énorme loup frappa à la porte de la maison de Catarina.

« Qui est là ?

– Un pauvre poussin perdu… Ouvre, par pitié.

– Va-t'en ! Tu es le loup et tu veux me manger ! »

Le loup eut un rire méchant.

Il donna un grand coup de patte dans la porte en fer et se cassa l'épaule.

« Aïe, ouille, ouille, ouille ! »

En hurlant de douleur, il courut chez le forgeron et lui ordonna :

« Soigne mon épaule ou je te dévore ! »

Le forgeron prit des clous et un marteau, et il répara l'épaule du loup. Puis l'énorme bête revint sur ses pas et il essaya de prendre une voix plus douce :

« Petite Catarina, je ne te veux aucun mal. Demain, nous pourrons aller ensemble dans le champ de pois chiches.

Nous en ramasserons pour en faire de la purée.

– D'accord, répondit Catarina sans ouvrir la porte. Je t'attendrai ici en fin de matinée. »
Elle savait bien que le loup attendait qu'elle sortît de chez elle pour l'attraper et la manger.
C'est pourquoi elle se rendit dans le champ dès l'aurore. Elle remplit un sac de pois chiches et retourna dans sa maison avant l'arrivée de la grosse bête.
En fin de matinée, le loup vint frapper à la porte :
« Petite Catarina, viens avec moi cueillir des pois chiches ! »
Catarina se mit à rire :
« Ils sont déjà en train de cuire. Ne sens-tu pas cette odeur délicieuse ? »
Fou de rage, le loup grinça des dents, puis il se calma et proposa :
« Rendez-vous demain matin dans le champ de courges. Nous en ramasserons pour faire de la soupe.
– D'accord », répondit Catarina sans ouvrir la porte.
Comme la veille, elle se rendit dans le champ dès l'aurore. Elle espérait être de retour dans sa maison avant l'arrivée de l'horrible bête.
Elle n'avait ramassé qu'une dizaine de courges quand elle aperçut l'ombre du loup.
Catastrophe ! Où allait-elle se cacher ?
Vite, elle creusa une grosse courge et se blottit dedans.
Le loup allait et venait en reniflant :
« Ça sent la chair humaine… Pourtant je ne vois qu'un champ de légumes ! Je vais manger quelques courges en attendant sa venue. »
Il en avala une grande quantité, se rapprochant de plus en plus de celle où était cachée Catarina.

. Le monstre de la montagne . Le serviteur fidèle . La chanson du squelette . Le Minotaure . Yourkitchi et les fantômes . La légende du sapin . Le Roi-Serpent . L'Hydre de Lerne .

« Celle-ci est trop grosse, dit-il en la montrant. Je vais la porter dans la maison de fer. Quand j'aurai mangé sa propriétaire, ce sera ma propre maison ! »

Il saisit la grosse courge par la queue et l'emporta vers la petite maison. Là, il prit son élan et lança la grosse courge par la fenêtre qui était restée ouverte.

Vlan ! La courge atterrit sur le sol. Catarina en sortit et ferma la fenêtre. Puis elle se moqua du loup :

« Merci ! Grâce à toi, me voilà en sécurité avec de quoi manger pendant des jours ! »

Le loup rugit, bondissant de tous côtés, rayant les murs en fer avec ses crocs et ses griffes.

Pendant ce temps, Catarina faisait cuire doucement de la courge dans une grosse marmite. Une marmite remplie d'eau bouillante.

Soudain, elle entendit du bruit sur le toit. Le loup était allé chercher une échelle et il commençait à descendre lentement dans le conduit de la cheminée… quand soudain il glissa et tomba la tête la première dans la marmite.
Ainsi mourut l'énorme loup qui terrorisait la région.
Quant à Catarina, elle pleura la disparition de ses sœurs, puis elle se maria et vécut longtemps heureuse dans la maison de fer.

Le pêcheur et le génie . Yeitso . Les trois petites maisons . Les douze monstres du château . Petit homme et le dragon des eaux . Yeitso . Tchénacre et l'ogre aux longues dents pointues . Doublgil . Le secret de Salvador
. Le monstre de la montagne . Le serviteur fidèle . La chanson du squelette . Le Minotaure . Youkitchi et les fantômes . La légende du sapin . Le Roi-Serpent . L'Hydre de Lerne .

Les douze monstres du château

Slovaquie

Un homme et une femme avaient plusieurs enfants. L'un d'eux, nommé Néboïssa, n'avait peur de rien.

« Ici, je m'ennuie, dit-il. Je vais parcourir le monde. J'aimerais avoir peur au moins une fois dans ma vie.

– Nous allons nous faire du souci. Reste avec nous, supplia la mère.

– Si tu restes avec nous, je t'apprendrai ce qu'est la peur », proposa le père.

Le bonhomme alla trouver le curé du village pour lui demander conseil, et le soir même, il lui envoya son fils.

« Le sonneur est malade, expliqua le curé. Il faut que tu sonnes les cloches à sa place. »

Néboïssa monta aussitôt dans le clocher. Il y faisait très sombre. En cherchant les cordes du bout des doigts, il sentit une main toute maigre et glacée.

. Le monstre de la montagne . Le serviteur fidèle . La chanson du squelette . Le Minotaure . Youkitchi et les fantômes . La légende du sapin . Le Roi-Serpent . L'Hydre de Lerne .

« Eho, sonneur ! Je vais te réchauffer. Lève-toi ! »
Néboïssa le suspendit aux cordes et se mit à sonner à toute volée.
Et le squelette – car c'était un squelette que le curé avait posé sur le plancher – le squelette gigota sans s'arrêter.
Quand il redescendit, Néboïssa dit au curé en riant :
« Vous devriez soigner ce pauvre sonneur. Il est tellement maigre qu'on ne lui voie que les os. »
Le lendemain soir, le curé ordonna :
« Néboïssa, remplace-moi. Il faut veiller un mort couché dans son cercueil. »

Le jeune homme alla s'asseoir près du cercueil. À minuit, le mort se redressa lentement et hurla.

« Ne te moque pas de moi ! grogna Néboïssa. Quand on est mort, on ne bouge pas et on se tait. »

Et vlan ! il assomma l'homme… sans se douter qu'il s'agissait du curé qui s'était couvert le visage de craie blanche et essayait de l'effrayer.

Décidément, Néboïssa n'avait peur de rien ; son père avait échoué.

Après avoir embrassé ses parents, il partit faire le tour du monde.

Quelques jours plus tard, il aperçut un château. Comme il était affamé et fatigué, il décida d'y passer la nuit.

La porte des remparts était ouverte. Il entra et appela :

« Ohé ! Y a-t-il quelqu'un ? »

Personne ne répondit.

Dans une salle magnifique, un repas était servi. Il s'assit et mangea de bon appétit, puis il poursuivit sa visite.

Derrière le château, il y avait un jardin planté de bouleaux. Et au centre du jardin, un lac. Une jeune fille se tenait dans l'eau ; seule sa tête apparaissait entre les fleurs de nénuphars.

« Bonsoir, dit Néboïssa. Venez donc avec moi au château.

– Je ne peux pas sortir du lac, soupira la jeune fille. Douze monstres m'ont jeté un sort. Tous ceux qui ont essayé de me délivrer sont morts.

– Moi, j'y arriverai. Que dois-je faire ? demanda Néboïssa.

– Tu dois te coucher dans la plus grande des chambres. Quand les douze monstres entreront, ne leur parle pas, même s'ils se montrent très aimables. Ils bondiront sur toi et tu te défendras. Le combat sera terrible… Lorsque l'horloge sonnera, les monstres s'en iront. Alors tu étaleras sur tes blessures un baume magique ; il se trouve dans une coupe d'or suspendue au-dessus du lit. Au matin, tu seras guéri. Si tu ne reviens pas, je saurai que les monstres t'ont tué comme tous les autres. Je suis inquiète…

– Moi, je n'ai jamais peur ! Quel est ton nom, belle jeune fille ?

– Marouchka.

– Fais-moi confiance. À demain, Marouchka ! »

La nuit était tombée. Néboïssa s'assit dans un fauteuil, dans la plus grande des chambres, et il attendit sans trembler.

À minuit, un bruit épouvantable ébranla les murs du château. Le jeune homme se leva et tira son épée. Douze monstres horribles

pénétrèrent dans la pièce en rugissant. Le premier avait une tête de lion aux dents pointues ; le deuxième deux têtes de lion… et le douzième douze têtes exactement.

« Salut à toi, petit homme ! Bienvenue dans notre palais ! As-tu fait un bon voyage ? »

Neboïssa ne répondit pas.

« Prépare-toi à mourir », grondèrent toutes les têtes d'une même voix.

Les douze monstres brandirent leurs massues et se jettèrent sur Néboïssa qui leva son épée.

Le sang des monstres coulait à flot. Le jeune homme, blessé lui

Le monstre de la montagne . Le serviteur fidèle . La chanson du squelette . Le Minotaure . Youkitchi et les fantômes . La légende du sapin . Le Roi-Serpent . L'Hydre de Lerne .

aussi, était à bout de forces, mais il restait debout.

Enfin l'horloge sonna et les monstres firent demi-tour.

Epuisé, Néboïssa prit du baume dans la coupe d'or. Il l'étala sur ses blessures, s'allongea sur le lit et s'endormit.

Au matin, il était guéri. Il courut vers le lac. La jeune fille se trouvait dans l'eau, libre jusqu'à la taille.

« Merci pour ce que tu as fait, dit Marouchka. Il te faudra encore du courage, la nuit prochaine. J'ai peur…

– Moi, jamais ! Tu me plais beaucoup. Je te promets de te libérer. »

Néboïssa passa la journée à parler avec Marouchka.

Au crépuscule, il regagna la chambre après avoir mangé et bu en riant. La nuit se déroula comme la précédente. Néboïssa combattit vaillamment. On lui arracha son épée. On le frappa, le griffa, le mordit… Enfin, les monstres firent demi-tour. Grâce au baume magique, il put soigner ses blessures. Et au matin, il alla rejoindre la jeune fille qui se tenait debout à la surface du lac.

6

Il restait une troisième et dernière nuit pour la libérer. Néboïssa résisterait-il à l'assaut des monstres ?
Quand son épée se brisa, il ne trembla pas. Mais aurait-il assez de force pour ne pas s'évanouir de douleur ? S'il perdait connaissance, ce serait la fin… et il ne pourrait pas délivrer Marouchka. Il fermait les yeux pour ne plus voir les têtes horribles ; il serrait les dents pour résister à la souffrance… L'horloge sonna et les monstres, fous de rage, disparurent en laissant les clefs du château.
À l'aube, Néboïssa s'éveilla, guéri grâce au baume magique. Il courut jusqu'au lac. Vêtue d'une longue robe blanche, la jeune fille marchait sur l'eau. Le mauvais sort était levé. Mais de nombreuses aventures les attendaient encore… Je vous les raconterai une autre fois.
Plus tard, quand Néboïssa reverra ses parents, son père lui demandera :
« As-tu eu peur ?
– Oui, avouera Néboïssa. J'ai eu peur de ne pas revoir ma chère Marouchka. »

Le monstre de la montagne . Le serviteur fidèle . La chanson du squelette . Le Minotaure . Youkitchi et les fantômes . La légende du sapin . Le Roi-Serpent . L'Hydre de Lerne .

Petit homme et le dragon des eaux

Afrique centrale

Il y a très longtemps, par une nuit de pleine lune naquit une petite fille. On l'appela Mara, la fille du fleuve.
Mara grandit dans sa famille et devint une très belle jeune fille.
Quand elle fut en âge de se marier, de nombreux prétendants se présentèrent à la case de ses parents. Mais aucun ne lui plaisait.
Les mois passèrent et personne ne vint plus demander sa main.
Un jour, un jeune homme apparut à l'entrée du village. Il se tenait bien droit sur son cheval. Qui était cet étranger ? Que venait-il faire ? Mystère....
« Je cherche la case de Mara », dit-il.
En l'apercevant, le cœur de Mara ne fit qu'un bond, et la jeune fille s'écria :

« C'est celui que j'aime. Je veux devenir sa femme. »
Le jeune homme salua les parents de Mara :
« Tout le monde parle de la beauté de votre fille. J'ai peu de cadeaux à vous offrir, mais j'aimerais l'épouser. »
Soulagés que Mara trouvât enfin un mari à son goût, les parents acceptèrent, et le mariage fut célébré aussitôt.
Il était temps pour les jeunes mariés de quitter le village. Le frère de Mara, surnommé « Petit homme », aurait bien aimé partir avec sa grande sœur.
« Pas question, grogna Mara. Reste avec nos parents. »
Et comme le jeune garçon insistait, elle le gifla.
Le couple quitta le village sans remarquer qu'il était suivi. Par qui ? Par un jeune garçon déguisé. Petit homme avait recouvert son corps de papillons. Ainsi, quand Mara se retournait, elle ne voyait qu'un vol de papillons multicolores.
Le couple marcha longtemps. Enfin il s'arrêta au pied d'un arbre, au bord d'une rivière. Là se dressait une case récemment construite.

. Le monstre de la montagne . Le serviteur fidèle . La chanson du squelette . Le Minotaure . Youkitchi et les fantômes . La légende du sapin . Le Roi-Serpent . L'Hydre de Lerne .

« Je vais chercher à manger », dit le mari.
Peu après, les branches craquèrent, les feuilles bruissèrent... Mara sourit, pensant découvrir son cher époux. Elle se retourna et... Aaaaaaah ! Le démon des eaux se dressait devant elle. Un horrible dragon qui rugissait d'une voix rocailleuse :
« Tu ne me reconnais donc pas ? Je suis ton mari chéri. Je me suis transformé de très nombreuses fois pour demander ta main. La

Le monstre de la montagne . Le serviteur fidèle . La chanson du squelette . Le Minotaure . Youkitchi et les fantômes . la légende du sapin . Le Roi-Serpent . L'Hydre de Lerne .

dernière fut la bonne. Tu es prise au piège. Bientôt, je te dévorerai. »
Éclatant d'un rire diabolique, le dragon plongea dans la rivière.
Terrorisée, Mara se réfugia dans la case où se trouvait une montagne de nourriture. Le dragon voulait qu'elle engraissât avant de la manger !
La porte s'entrouvrit alors lentement. Une ombre se glissa dans la case, et une voix chuchota :
« C'est moi, ton petit frère. J'ai tout vu et tout entendu. Je crois que j'ai eu raison de te désobéir… »
Mara embrassa son frère ; elle était si fatiguée par cette longue journée qu'elle finit par s'endormir. Petit homme, lui, réfléchit : comment échapper au terrible dragon ? Il ne trouvait aucune solution.
Trois jours s'écoulèrent. Le dragon ne se montrait pas.

La troisième nuit, le petit garçon fut réveillé en sursaut par une voix rocailleuse qui chantait :
« Je vais manger mon épouse, hou hou hou !
La manger un peu, beaucoup… hou hou hou ! »
La voix du dragon s'approchait, répétant toujours les mêmes phrases. Quand elle résonna à côté de la case, Petit homme chantonna :
« Viens chercher Mara, hou hou !
Oui, bon débarras… hou hou !
Des filles comme ça, on n'en veut pas… hou hou ! »
Le dragon écarquilla ses yeux fluorescents et écouta. Quelqu'un se trouvait dans la case avec Mara ? Bizarre… Il mangerait son épouse une autre fois, quand personne ne le verrait.

Les nuits suivantes, la même scène se reproduisit. Enfin, Petit homme réveilla sa sœur. En entendant la voix du dragon, la jeune fille se mit à trembler comme une feuille.

Lorsque le monstre s'éloigna, Mara décida :

« Fuyons ! Vite, avant qu'il ne revienne ! »

Mara et son petit frère sortirent de la case sur la pointe des pieds.

Avant de partir, Petit homme ne put s'empêcher de crier :

« Infâme dragon ! Si tu as du courage, essaie de m'attraper ! »

Et juste devant la case, il planta sa sagaie dans le sol, pointe vers le ciel.

Le dragon des eaux poussa un hurlement terrible. Il gesticula, faisant jaillir des gerbes d'eau de tous côtés. Puis il bondit sur la rive… mais il ne vit pas la sagaie plantée dans le sol. La lame aiguisée le transperça d'un seul coup d'un seul. Et le dragon s'écroula, mort, à deux pas de la rivière.

« Maintenant, rentrons au village ! » dit Petit homme.

Et il guida sa sœur sur le sentier.

Comme quoi, il ne faut pas négliger ses frères ! Mara ne l'oublierait plus jamais.

Le pêcheur et le génie . Yeitso . Les trois petites maisons . Les douze monstres du château . Petit homme et le dragon des eaux . Yeitso . Tchénacre et l'ogre aux longues dents pointues . Doublœil . Le secret de Salvador

. Le monstre de la montagne . Le serviteur fidèle . La chanson du squelette . Le Minotaure . Youkitchi et les fantômes . La légende du sapin . Le Roi-Serpent . L'Hydre de Lerne .

Tchénacre et l'ogre aux longues dents pointues

Nouvelle-Calédonie

Mwareneu était un ogre qui se nourrissait de chair humaine. Les rares hommes qu'il n'avait pas dévorés s'étaient réfugiés dans des grottes.

Alors Mwareneu se mit à manger les oiseaux, en commençant par les plus grands.

C'est pourquoi la buse organisa une réunion : des représentants de toutes les espèces d'oiseaux furent invités. Et elle prit la parole :

« Il ne reste presque plus d'hommes. Maintenant, l'ogre s'attaque à nous. Qui va nous débarrasser de lui ? »

Les oiseaux réfléchirent, mais aucun n'était assez courageux pour tenter quelque chose.

Soudain une petite voix pépia :

. Le monstre de la montagne . Le serviteur fidèle . La chanson du squelette . Le Minotaure . Youlitchi et les fantômes . La légende du sapin . Le Roi-Serpent . L'Hydre de Lerne .

« Moi, Tchénacre, petit moineau, je me porte volontaire. »
Tous les participants se retournèrent. Qui avait parlé ? Ce petit oiseau aux plumes ternes ?
« C'est ridicule ! sursautèrent les plus grands. Mwareneu ne fera qu'une bouchée de toi.
– Tant pis ! J'irai seul combattre l'ogre », déclara Tchénacre.
La buse cligna des yeux :
« J'approuve ton courage et te souhaite bonne chance. »
Le petit oiseau sautilla :
« Merci de me faire confiance. Mais pour réussir, j'ai besoin de votre aide à tous.
– D'accord », dit la buse au nom de tous les oiseaux.
Tchénacre secoua ses plumes ternes et ordonna :
« Tous en ligne derrière moi. Pour gagner, il faut être très rapide. Faites exactement comme moi. Si je saute à gauche ou à droite, faites de même ! Si je saute en l'air ou que je me baisse, faites de même ! Compris ?
– Compris ! »
Toute la journée, les oiseaux s'entraînèrent, faisant les mêmes gestes que le minuscule Tchénacre.
Ils passèrent la nuit dans la grande clairière, prêts à affronter l'ogre aux longues dents pointues. C'est là qu'ils le provoqueraient !
Le lendemain, un bruit de pas retentit. Mwareneu approchait en

reniflant : Hum… la bonne odeur d'oiseaux ! Il allait se régaler.
Quand il atteignit la clairière, il découvrit un petit oiseau aux plumes ternes et derrière lui, bien alignés, tous les oiseaux de la forêt.
Ravi, l'ogre éclata de rire :
« Ha, ha, ha ! Vous voulez donc mourir ? Parfait ! Je vais vous embrocher sur mes sagaies.

. Le monstre de la montagne . Le serviteur fidèle . La chanson du squelette . Le Minotaure . Youkitchi et les fantômes . la légende du sapin . Le Roi-Serpent . L'Hydre de Lerne .

L'Hydre de Lerne

Grèce

Le plus fort de tous les hommes s'appelait Héraclès. À Rome, on le nommait Hercule.

Héraclès avait commis des crimes pendant une crise de folie. Comme punition, il devrait pendant douze ans accomplir tous les travaux qu'Eurysthée, roi de Mycènes, lui demanderait. Il y en eut douze qu'il réalisa en présence de son neveu Iolaos. Douze Travaux aussi difficiles les uns que les autres.

Le deuxième des Douze Travaux fut de tuer l'Hydre de Lerne.

Cette région vivait dans la terreur à cause d'un monstre aquatique qui avait un corps de chien et neuf têtes de serpents, dont une était immortelle.

Quand la bête ouvrait ses gueules, l'odeur empoisonnée qui en sortait faisait mourir ceux qui la respiraient.

Héraclès se rendit donc près d'un marais, proche du lac Alcyonien, où se trouvait l'Hydre de Lerne. Tout d'abord, il lança des flèches embrasées pour attirer le monstre.

. Le monstre de la montagne . Le serviteur fidèle . La chanson du squelette . Le Minotaure . Youkitchi et les fantômes . La légende du sapin . Le Roi-Serpent . L'Hydre de Lerne .

L'Hydre sortit de l'eau et s'enroula autour des jambes du héros pour le faire tomber.

Elle entrouvrit ses gueules et souffla son haleine empoisonnée. Mais Héraclès, retenant sa respiration, coupa l'une des têtes avec son épée. Horreur ! De nouvelles têtes repoussèrent en un clin d'œil au même endroit.

« Vite, Iolaos ! Apporte-moi des braises ! » ordonna Héraclès en se tournant vers son neveu.

Iolaos comprit aussitôt ce qu'il devait faire. À chaque fois qu'Héraclès tranchait une tête, son neveu appliquait la braise sur le cou pour empêcher de nouvelles têtes de repousser.

Enfin, Héraclès leva son épée et coupa la tête immortelle dont une partie était en or. Et la tête roula, roula, roula sur le sol en grondant :

« Tu ne peux rien contre moi. Je suis immortelle ! » Héraclès creusa un trou et y enterra la tête qui continuait de siffler et cracher. Il la recouvrit de terre et d'un énorme rocher. Ainsi s'acheva la vie de l'Hydre de Lerne. Héraclès trempa alors ses flèches dans le venin qui s'écoulait des entrailles de l'horrible bête et il poursuivit son chemin. Il lui restait dix Travaux à accomplir… mais ceci est une autre histoire.

Doublœil

Allemagne

Une femme avait trois filles : Nakin-œil dont le gros œil globuleux se trouvait au milieu du front, Doublœil qui avait deux yeux comme tout le monde, Triplœil qui en avait trois, le troisième placé sur le front.

Quant à la mère, on ne pouvait voir ses yeux car ils disparaissaient sous une touffe de cheveux hirsutes.

Nakin-œil, Triplœil et leur mère se moquaient sans cesse de Doublœil :

« Pouah ! Qu'elle est vilaine avec ses deux yeux comme les humains ! Pouah ! »

Elles la frappaient, lui laissaient leurs vieux habits tout déchirés et ne lui donnaient que des restes à manger. Des miettes sèches ou moisies par-ci par-là !

Ce matin-là, Doublœil emmena la chèvre aux champs comme chaque jour. Elle s'assit dans l'herbe et se mit à pleurer car elle avait très faim.

. Le monstre de la montagne . Le serviteur fidèle . La chanson du squelette . Le Minotaure . Youkitchi et les fantômes . la légende du sapin . Le Roi-Serpent . L'Hydre de Lerne .

« Pourquoi pleures-tu ? demanda une vieille femme que la jeune fille n'avait pas vu arriver.

– Ma mère et mes sœurs me maltraitent. Et aujourd'hui, j'ai mal au ventre tellement j'ai faim. »

La vieille femme leva le doigt, un long doigt de fée :

« Écoute bien ! Quand tu auras faim, tu n'auras qu'à dire : « Chèvre, fais bêê bêê ! Et table apparaît. » Quand tu seras rassasiée, tu diras : « Chèvre, fais bêê bêê ! Table disparaît. »

Et la vieille femme s'en alla.

Étonnée, Doublœil prononça la formule :

« Chèvre, fais bêê bêê ! Et table apparaît. »

Aussitôt se présenta une petite table, couverte de plats appétissants, fumant encore. Et Doublœil mangea jusqu'à ce qu'elle n'eût plus faim.

« Chèvre, fais bêê bêê ! Table disparaît. »

La table disparut sans laisser la moindre trace.

Au crépuscule, Doublœil retourna chez elle avec la chèvre. Elle ne toucha pas aux restes qui pourrissaient dans sa gamelle.

Il en fut ainsi pendant une semaine. La mère finit par s'interroger :

« Bizarre. Cette peste de Doublœil nous cache quelque chose. »

Et elle ordonna à Nakin-œil :

« Demain, tu accompagneras Doublœil aux champs. Je voudrais savoir qui lui apporte à manger et à boire. »

Le lendemain, Nakin-œil partit avec Doublœil. Celle-ci comprit tout de suite ce que Nakin-œil voulait faire. Dès que la chèvre grignota l'herbe verte, Doublœil commença à chanter :

« Nakin-œil, que fais-tu ? Nakin-œil, dors-tu ? »

. Le monstre de la montagne . Le serviteur fidèle . La chanson du squelette . Le Minotaure . Youkitchi et les fantômes . la légende du sapin . Le Roi-Serpent . L'Hydre de Lerne .

Le soleil était chaud. Nakin-œil était fatiguée d'avoir marché jusqu'au pré. Sa paupière était lourde, lourde, lourde… et la fille à l'œil unique s'endormit profondément. Pendant qu'elle dormait, Doublœil prononça la formule magique. Elle mangea et but autant que les jours précédents, puis murmura juste avant le réveil de sa sœur :

« Chèvre, fais bêê bêê ! Table disparaît. »

De retour chez elle, Nakin-œil avoua à sa mère :

« Je n'ai rien vu, car je me suis endormie.

– Tu n'es qu'une bonne à rien, grogna la mère qui se tourna vers Triplœil : Demain, c'est toi qui accompagneras Doublœil pour l'espionner. Et pas question de t'endormir ! »

Le lendemain, Doublœil, Triplœil et la chèvre arrivèrent dans le champ. Comme la veille, Doublœil commença à chanter pour endormir sa sœur :

« Triplœil, que fais-tu ? »

Mais au lieu de chanter : «Triplœil, dors-tu ?», elle chantonna par inattention :

« Doublœil, dors-tu ? Triplœil, que fais-tu ? Doublœil, dors-tu ? Triplœil, que fais-tu ? Doublœil, dors-tu ? »

Deux yeux de Triplœil se fermèrent, mais celui qui se trouvait sur le front, resta entrouvert, permettant à Triplœil de tout observer. Ne se doutant de rien, Doublœil crut que sa sœur dormait profondément. Elle prononça la formule magique, mangea et but tranquillement.

Hélas, le soir venu, Triplœil raconta tout à sa mère. Sans hésiter, l'horrible femme saisit un couteau et transperça le cœur de la chèvre. Doublœil éclata en sanglots et sortit de la maison. Elle alla s'asseoir un peu plus loin.

« Pourquoi pleures-tu ? demanda la vieille fée en apparaissant comme par magie.

– La chèvre est morte. Je n'aurai plus rien à manger. »

La vieille fée leva son long doigt :

« Écoute bien ! Demande à ta mère et tes sœurs les entrailles de la chèvre, puis enterre-les devant la porte. »

Et la vieille fée s'évanouit dans la nuit.

Doublœil sécha ses larmes et rentra dans la maison :

« Laissez-moi les entrailles de la chèvre en souvenir.

– Ha, ha, ha ! ricanèrent les deux sœurs. Bon appétit ! »

Doublœil prit les entrailles de la chèvre et les enterra devant la porte.

Le matin suivant, un arbre magnifique avait poussé à cet endroit.

Un arbre aux feuilles d'argent et aux pommes d'or.

« Nakin-œil, monte à l'arbre ! dit la mère. Et cueille des fruits. »

Nakin-œil obéit, mais quand elle tendit la main, les branches et les fruits lui échappèrent. À son tour, Triplœil essaya de cueillir les fruits, mais elle n'y arriva pas.

Sans attendre, Doublœil grimpa à l'arbre. Les pommes d'or vinrent se poser dans ses mains. Elle cueillit une dizaine de fruits et redescendit.

À cet instant, un cavalier s'approcha.

« Cache-toi ! rugit la mère en poussant Doublœil et les pommes sous un gros tonneau retourné. Qu'on ne te voie pas ! J'ai trop honte de toi. »

Le cavalier s'arrêta près de la maison et s'exclama :

« Quel bel arbre ! À qui appartient-il ?

– À nous, répondirent Triplœil et Nakin-œil.

– Celle qui me donnera une petite branche pourra me demander ce qu'elle voudra », promit le cavalier.

Triplœil et Nakin-œil grimpèrent à l'arbre. Mais rien à faire ! Les branchages s'écartaient d'elles.

Doublœil fit alors rouler des pommes d'or jusqu'aux pieds du cavalier.

« Qui se cache sous ce tonneau ? s'étonna-t-il.

– Ma fille Doublœil, fit la mère. Elle est très laide.

– Doublœil, sors de là ! dit le cavalier. J'aimerais te voir. »

Doublœil sortit de sa cachette, tout intimidée, et le cavalier fut ébloui par sa beauté.

« Pourrais-tu me cueillir une petite branche ? demanda-t-il.

– Bien sûr, approuva Doublœil, car cet arbre m'appartient. »

Elle grimpa à l'arbre, brisa une branche aux feuilles d'argent et aux pommes d'or, puis la tendit au cavalier.

« Je tiens toujours mes promesses, dit l'homme. Que veux-tu ?

– Quitter cette maison à jamais », répondit Doublœil.

Le cavalier la souleva, l'installa sur son cheval et l'emmena au château de son père.

La semaine suivante, ils se marièrent et vécurent longtemps heureux.
Quant à la mère et aux deux sœurs, elles faillirent s'étouffer de rage.
« Heureuseusement, grognèrent-elles, il nous reste l'arbre que tous les passants veulent admirer. Nous allons en tirer profit. »
Dommage… L'arbre disparut trois jours plus tard.
On raconte qu'il se dresse encore dans la cour d'un château. Si vous le trouvez, essayez de cueillir une petite branche aux feuilles d'argent et aux pommes d'or en souvenir de cette vieille histoire.

Le secret de Salvador

Espagne

Salvador était un pêcheur. Un pêcheur comme les autres pêcheurs. Mais un jour, il se mit à rapporter beaucoup de poissons, des poissons inconnus sur les côtes espagnoles. Il partait en mer quand il faisait nuit noire, toujours seul à bord de sa lourde barque. Avait-il passé un accord avec le diable ? On l'ignorait… Il vécut ainsi pendant de nombreuses années.

Longtemps plus tard, on découvrit un parchemin qui lui avait appartenu et l'on comprit enfin quel était le secret de ce pêcheur.

C'était il y a plusieurs siècles… Un matin, Salvador se rendit au port. Son bateau était amarré d'une façon étrange.

« Jamais un marin ne ferait un nœud pareil, remarqua-t-il. Et ma voile est bien mal enroulée. Quelqu'un s'est servi de ma barque sans mon autorisation. Gare à lui si je l'attrape ! »

Il pêcha toute la journée et ne rapporta pas grand-chose. Le soir,

. Le monstre de la montagne . Le serviteur fidèle . La chanson du squelette . Le Minotaure . Youkitchi et les fantômes . La légende du sapin . Le Roi-Serpent . L'Hydre de Lerne .

il se cacha sous une bâche et attendit sans bouger.
La nuit venue, quatre vieilles femmes montèrent à bord. Il les connaissait de vue, surtout la plus laide : l'aubergiste du village.
Les vieilles femmes lâchèrent l'amarre et hissèrent la voile. Aussitôt la barque fila sur la mer. Respirant à peine, Salvador observait ce qui se passait. Où allaient donc les quatre femmes ? Comme il y avait des nuages, il était impossible de s'orienter grâce aux étoiles…
Pendant des heures, le bateau fila vers l'ouest à toute vitesse. Enfin il s'arrêta sur une plage. Les quatre vieilles femmes descendirent en caquetant.
Salvador attendit qu'elles fussent parties pour descendre à son tour de la barque. Non loin de là brillait un grand feu. Des femmes au nez

crochu dansaient autour des flammes en poussant des cris aigus.
Salvador se mit à trembler : c'était, sans aucun doute, un sabbat, une réunion de sorcières !

« Aïe aïe aïe, gémit-il. C'est terrible ! Que vont-elles faire de moi si elles m'aperçoivent ? »

Mais les sorcières avaient d'autres chats à fouetter.

Discrètement, le pêcheur essaya d'explorer l'endroit où il se trouvait. Mais rien ! Pas le moindre détail qui aurait pu lui indiquer le lieu où la barque s'était échouée.

Avant de regagner sa cachette sous la bâche du bateau, il coupa une plante et la glissa dans sa poche.

Quand la fête s'acheva, les quatre vieilles femmes saluèrent les autres sorcières et montèrent dans la barque qui fila de nouveau sur les vagues. Le vent soufflait toujours du meilleur côté : vent arrière

à l'aller, vent arrière au retour ! Il y avait de quoi s'inquiéter !
De retour au port, l'aubergiste amarra la barque au quai... et les quatre femmes se fondirent dans la nuit.
Le lendemain, Salvador rendit visite à l'apothicaire du village et lui montra la plante qu'il avait rapportée.
« Où as-tu trouvé ça ? s'exclama le bonhomme. C'est une plante d'Amérique qui a été coupée il y a très peu de temps. »
Salvador inventa une histoire à dormir debout : il tenait la plante d'un marin de passage...
« Il lui a fallu un sacré bon vent pour que la plante n'ait pas le temps de sécher durant la traversée », s'étonna l'apothicaire en se remettant au travail.
Une fois dans la rue, Salvador grommela :
« Une plante d'Amérique ? Je sais ce qu'il me reste à faire »
Il alla donc trouver l'aubergiste et déclara :
« Il vaudrait mieux que personne n'apprenne où vous passez les nuits, toi et tes amies. J'ai tout vu !
– Que veux-tu en échange de ton silence ? demanda la vieille sorcière.
– Je veux pouvoir naviguer aussi vite que vous. »
La sorcière donna au pêcheur un flacon de poudre rouge :
« Tiens ! Deux grains de cette poudre suffisent pour traverser l'océan. Mais méfie-toi ! Si quelqu'un découvre ce sortilège, c'est toi qu'on prendra pour un sorcier et qu'on fera brûler sur un bûcher ! »
Salvador était malin. Personne ne découvrit ce secret de son vivant. Avant de mourir, il écrivit cette histoire sur un parchemin... et il fallut des siècles pour que l'on apprenne enfin la vérité.

Table

Le monstre de la montagne (Népal) 8
Illustré par Aline Bureau

le serviteur fidèle (Arménie) 16
Illustré par Jean-Marc Denglos

La chanson du squelette (Canada) 24
Illustré par Aline Bureau

Le Minotaure (Grèce) 30
Illustré par Aline Bureau

Youkitchi et les fantômes (Japon) 36
Illustré par Pierre Mornet

La légende du sapin (France) 46
Illustré par Pierre Mornet

Le Roi-serpent (Indonésie) 50
Illustré par Jean-Marc Denglos

Le pêcheur et le génie (Irak et Iran) 60
Illustré par Jong Romano

Yeitso (États-Unis) 64
Illustré par Jong Romano

Les trois petites maisons (Italie) 72
Illustré par Jong Romano

Les douze monstres du château (Slovaquie) 80
Illustré par Marc Boutavant

Petit homme et le dragon des eaux (Afrique centrale) 90
Illustré par Marc Boutavant

Tchénacre et l'ogre aux longues dents pointues (Nouvelle-Calédonie) 98
Illustré par Marc Boutavant

L'Hydre de Lerne (Grèce) 104
Illustré par Claire Le Grand

Doublœil (Allemagne) 108
Illustré par Claire Le Grand

le secret de Salvador (Espagne) 118
Illustré par Claire Le Grand